독립을 위해 싸운  용감한 여성들

태극기를 든 소녀 2

황동진 글 · 박미화 그림

일제 강점기의 역사

1919년 3월
3·1 운동

일본의 지배에 반대하고 독립을 외치는 3·1 운동이 일어났어요.

1905년
을사늑약

일본이 강제로 을사늑약을 맺어 대한 제국을 일본의 보호국으로 만들었어요.

1910년
일제 강점기

대한 제국이 일본의 식민지가 되었어요. 일본은 조선 총독부를 세워 우리나라를 다스렸어요.

1907년
헤이그 특사

고종 황제는 일본의 속셈을 세계에 알리기 위해 헤이그에 특사를 보냈어요.

1909년
안중근 의거

안중근이 대한 제국을 삼키는 데 앞장섰던 일본의 이토 히로부미를 저격했어요.

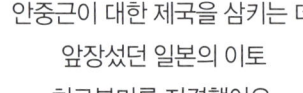

1919년 9월
임시 정부 수립

독립운동가들이 힘을 합쳐 중국 상하이에 대한민국 임시 정부를 세웠어요.

1923년
물산 장려 운동

일본으로부터 자립하기 위해 국산품 사용 운동을 벌이는 조선 물산 장려회가 창립되었어요.

1932년
윤봉길 의거

중국 상하이 훙커우 공원에서 일본군 지휘관을 없애기 위해 윤봉길이 폭탄을 던졌어요.

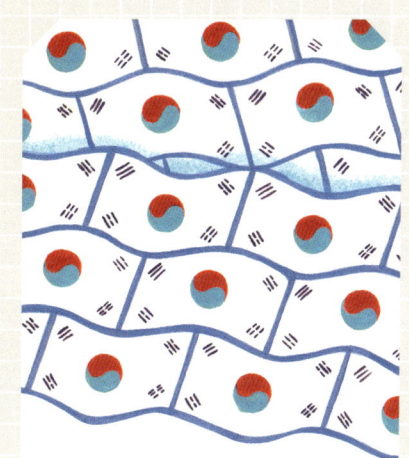

1945년 8월 15일
광복

일본이 전쟁에서 패하고 우리나라도 일본의 지배에서 벗어나 광복을 맞이했어요.

1937년
중·일 전쟁

중·일 전쟁을 일으킨 일본이 전쟁 물자를 빼앗아가기 시작했어요.

여성 독립운동가, 그 두 번째 이야기를 시작하며

새로운 100년을 준비하는 마음으로

지난해 3·1 운동 100주년을 맞이하면서 쓴 〈태극기를 든 소녀〉에서 용감한 우리나라의 여성 독립운동가 여섯 명을 알렸습니다. 누구나 아는 유명한 독립운동가도 있었지만, 세상에 처음 소개되는 독립운동가도 있었습니다. 마치 영화 속 주인공처럼 용감하고 멋진 여성 독립운동가들의 이야기에 독자들이 박수를 보내주었고, 이에 용기를 얻어 새로운 100년을 시작하는 올해 〈태극기를 든 소녀2〉를 쓰게 되었습니다.

우리나라에서 자란 사람이면 누구나 독립운동가의 이름과 그들의 활동을 교과서나 위인전, 또는 영화나 드라마를 통해 알게 됩니다. 대부분 이와 같은 매체를 통해 독립운동가를 접하다 보니 극적인 사건과 관련된 유명한 독립운동가의 이름만 기억에 남곤 합니다. 그러니 독립을 이룬 지 75년이 되었지만, 우리가 알고 있는 독립운동가의 이름은 지극히 제한될 수밖에 없었습니다. 그래서 이 책을 통해 다시 한번 여섯 명의 독립운동가를 소개하고자 합니다.

일본인에게 빼앗긴 해녀들의 권리를 되찾기 위해 용감하게 시위대를 이끈 해녀 부춘화, 일본 헌병이 쏜 총에 목숨을 잃은 아버지를 대신해 소복을 입고 대한 독립 만세를 외친 어린 소녀 동풍신, 임신한 몸으로 폭탄을 던지고 투옥된 후 자신은 물론 가족까지 불행한 최후를 맞이한 투사 안경신, 학교에서 배운 지식을 농민들을 위해 아낌없이 나누며 쉬지 않고 일한 소설 상록수의 실제 주인공 최용신, 문학소녀의 꿈을 접고 조국의 독립을 위해 총알이 빗발치는 전장을 휘젓고 다니던 전사 박차정, 먹고 살기 힘든 가족들을 위해 사진 한 장 들고 하와이로 떠나 수많은 어려움을 겪으면서도 임시 정부에 독립운동 자금을 보낸 후원자 박신애.

　　위에 나열한 여섯 명의 여성 독립운동가의 이름은 아마도 처음 들어 볼 수 있지만, 누구의 잘못도 아니라고 생각합니다. 이제부터라도 그들의 역사에 대한 공정한 평가가 이루어지길 바랄 뿐입니다. 저 역시 그들이 목숨을 바쳐 지킨 이 나라에 사는 사람으로 늘 가슴 한편에 자리 잡고 있던 마음의 빚이 있습니다. 이 책을 통해 그 빚을 조금이나마 갚고 싶은 마음입니다. 이 책에 등장하지 않지만, 나라를 다시 찾기 위해 힘든 길을 선택한 이름 없는 독립운동가를 기억하는 것이 오늘을 사는 우리들의 도리가 아닌가 생각합니다.

_ 황동진

차 례

일제 강점기의 역사 2
작가의 말 4

첫 번째 이야기
제주 해녀 항쟁의 선봉 **부춘화**
"우리는 제주의 해녀다!"
8

두 번째 이야기
타협을 거부한 열일곱 소녀 **동풍신**
"제가 아버지를 찾아오겠어요!"
30

세 번째 이야기
적의 심장에 폭탄을 던진 투사 **안경신**
"저를 가장 중요한 일에 써 주세요"
50

네 번째 이야기

농촌 교육을 이끈 상록수의 주인공

최용신 "우리 학생들을 어찌하나!"

70

다섯 번째 이야기

무장투쟁의 최전선에서 **박차정**

"우리는 반드시 승리한다!"

94

여섯 번째 이야기

태평양을 건넌 독립의 꿈 **박신애**

"나의 노동이 작은 희망이 되기를."

114

3·1 독립 선언서 136

첫 번째 이야기

제주 해녀 항쟁의 선봉
부춘화
(1908~1995)

바다를 따라 펼쳐진 검은 바위틈으로
꿋꿋하게 솟아오른 꽃이 보이나요?
바로 노란 땅채송화예요.
땅채송화의 꽃말은 '씩씩함'이랍니다.
애국지사 부춘화는 제주의 해녀였어요.
차가운 바다에서 숨을 참으며 전복을 캘 때도,
해녀들의 짓밟힌 권리를 되찾기 위해
일본 관리의 차를 막아설 때도
그는 늘 씩씩하게, 당당하게 외쳤답니다.
"우리는 제주의 해녀다!"라고 말이에요.

제주 바다의 숨비소리

호오이~ 호오이~

숨비소리를 내며 물 위로 솟아올라 얼른 테왁을 끌어안았어.

숨을 크게 들이쉬고는 성게 한 마리를 망사리에 넣었지.

아침부터 반나절이나 물질을 했지만,

망사리에는 고작 성게 세 마리만 뾰족하게 성을 내고 있었어.

숨비소리 물질하는 해녀들이 물속에서 숨을 참았다가 물 밖으로 나올 때 숨을 뱉으며 내는 휘파람 소리예요.

"어멍, 전복은커녕 소라 하나도 없수다."
**"이게 다 일본 놈들 때문이지. 물고기 한 마리 안 남기고 싹
쓸어 가니 원…."**
평생 물질을 해 온 어머니의 망사리에도
돈이 될 만한 해산물은 없었어.
조선을 송두리째 집어삼킨 일본 놈들은
제주 바다까지 제 것으로 만들었단다.
바다에서 숨을 쉴 수 있는 잠수복을 개발해서는
우리 바다에서 나는 해산물을 바닥부터 싹쓸이해 갔지.

빼앗는 거랑 뭐가 달라?

내 이름은 부춘화. 스무 살이 넘도록
섬을 나가 본 적 없는 제주 토박이야.
어린 시절부터 물질을 하며 사는 게 내 삶의 전부였지.
바다는 나의 고향이지만, 때론 두렵기도 해.
물질은 목숨을 걸고 돈을 버는 일이거든.
아무리 실력이 좋아도 한순간에 큰일을 당할 수 있지.
하지만 지금 우리를 고통스럽게 하는 건
바다가 아니라 일본 놈들이야.
일본인 상인들이 해녀 조합을 손아귀에 넣고
해녀들의 삶을 쥐락펴락하고 있거든.
오늘도 하루 종일 수확한 해산물을 조합에 가져갔더니
일본인 상인은 바구니를 힐끔 보고는 동전 한 닢을 던졌지.
"이게 그냥 뺏는 거랑 뭐가 다릅니까!"
"어허, 돈 빌려 간 게 누군데 큰소리는! 받기 싫으면 이리 내!"
물질로 평생 가족을 먹여 살리신 어머니는 긴 한숨을 쉬셨어.

해녀 조합 해녀들의 권리를 보장하고, 해녀들이 캔 해산물을 사들여 판매하는 조직이에요.

그 많은 해산물을 어디에 쓴답니까?

"에휴, 돈을 빌리지 말았어야 했는데…."
어머니는 땅이 꺼지도록 한숨을 쉬셨어.
조합에서 해산물을 사들이는 상인들 중에는 일본인이 많았어.
그들은 앞으로 해산물을 비싼 값에 살 테니
돈을 빌려 쓰고, 해산물을 캐서 갚으라고 했지.
물질이 힘든 겨울철, 당장 먹고살기 힘들었던
해녀들은 이 말을 믿고 돈을 빌렸단다.
하지만 이건 모두 일본 상인들의 계략이었어.
이걸 빌미로 해녀들을 제 손아귀에 넣고 해산물을 싼값에
사들이면서 항의를 하면 빚으로 협박했지.

"어멍, 그런데 일본 놈들은 그 많은 해산물을
다 어디에 쓴답니까? 우뭇가사리며, 감태며…."
"고것이 일본 공장에서 쓰인다지 않더냐.
일본에 물질하러 갔던 사람한테 들으니
우뭇가사리를 따다가 해변에 널어놓으면
그 옆에 큰 군수 공장에서 실어간다더라."

군수 공장 무기를 생산하는 공장이에요. 해산물에 들어 있는 요오드 등의 성분은 화약과 같은 무기를 만드는 데 사용되었지요.

허투루 공부하기는 싫어

"부춘화 학생, 참 잘했습니다!
다들 춘화 학생처럼 열심히 외워 오세요!"
선생님의 칭찬에 괜히 머쓱한 기분이 들었지만, 기분은 좋아.
이곳은 밤에 열리는 야간 학교야.
얼마 전부터 낮에는 물질을 하고 밤에는 이곳에 와서
공부를 하느라 하루하루가 진짜 힘들어.

하지만 스무 살이 넘어 처음 하는 공부를 허투루 하기는 싫어.
내가 왜 공부를 시작했는지 아니?
아는 게 있어야 일본 놈들에게 맞설 수 있으니까.
글을 못 읽고, 셈도 못하면 일본인 상인이 해녀들을 속이거나
부당한 횡포를 부려도 뭐라고 따질 수도 없잖아.
요즘은 '농민독본'이라는 책을 열심히 읽고 있단다.
새로운 지식을 알아 간다는 게, 이렇게 기쁜 일인지 몰랐어.

농민독본 윤봉길 의사가 1927년에 농민들을 계몽하기 위해 지은 책이에요.

강습소 가는 길

오늘도 새벽부터 물질에, 밭일에, 세 끼 밥상까지 차리고
어둠이 내려앉을 무렵에 공부를 하러 나섰어.
이웃 동생인 옥련이가 저만치서 나를 보며 뛰어왔지.
"춘화 언니, 오늘 보름인데 오름에 가서 달구경 할까?"
어찌나 피곤했는지 잠시 마음이 흔들렸지만
나는 다시 힘을 내서 옥련이를 학교로 이끌었지.

"참, 언니! 소식 들었어? 새로 온 제주도사
다구치가 다음 주에 옆 마을 세화리에 온대."
옥련이의 말에, 나는 갑자기 가슴이 쿵쾅쿵쾅 뛰었어.
선생님께서 늘 하시던 말씀이 떠올랐거든.
'우리가 당당하게 요구해야만, 빼앗긴 권리를 찾을 수 있습니다!'
"옥련아! 이번 참에 우리 해녀들이 힘을 모아서
일본 상인들의 횡포를 막아 보자!"

선생님, 우리가 해낼 거예요

옥련이도 내 말에 두 눈을 반짝였어.

"언니, 그럼 선생님께도 도움을 청하자."

나와 옥련이는 강습소에 도착하자마자

강관순 선생님께 달려가 우리의 계획을 알렸단다.

하지만 선생님은 걱정스러운 눈빛으로 말씀하셨지.

"너희가 해녀들을 모아서 제주도사 다구치를 만나겠다는 거야?"

"네, 선생님! 목숨을 걸고 물질을 하는 건 우리 해녀들인데,

돈은 일본인 상인과 조합만 벌잖아요.

최소한 약속한 값에 해산물을 사들여야 한다고 생각해요!"

내가 용기 내서 선생님께 말하자 옥련이도 거들었어.

"맞아요! 뭔가 단단히 잘못됐어요!"

선생님은 다시 한번 물어보셨어.

"그런데 너희가 진짜 해녀들을 모을 수 있겠니?"

"그럼요! 다들 씩씩한 제주 해녀인걸요!"

"우선 요구 사항을 잘 정리해야 해.

그래야 똘똘 뭉쳐 한목소리를 낼 수 있거든."

강관순 제주 해녀 항쟁에 함께한 독립운동가로 옥중에서 〈해녀의 노래〉를 작사했어요.

호미와 빗창을 들고 외치다

1932년 1월. 이곳은 세화리 장터야.

우리 해녀들은 호미와 빗창을 숨긴 채 장터로 향했단다.

그리고 제주도사 다구치의 차가 장터로 들어서자

현수막을 쫙 펴며 큰 소리로 외쳤지.

"제주도사는 조합의 횡포를 막아 달라!

우리가 잡은 해산물 가격을 인상하라!

우리는 일본 상인들의 노예가 아니다!"

300명이 넘는 해녀들의 울분이 장터를 가득 채웠어.

일본 경찰은 칼을 빼 들어 제주도사를 에워싸고

말을 탄 경찰들은 총을 쏘면서

우리를 해산시키려 했지.

빗창 해산물을 채취할 때 쓰는 도구예요.

"우리의 요구에 칼로 대응하면
우리는 죽음으로 대응한다!"
우리는 일본 경찰의 멱살을 잡고
제복을 찢고 모자를 빼앗아 버렸어.
가슴이 뜨거워지면서 용기가 생겼어. 나는 더 크게 외쳤어.
"어용 조합을 해산하라! 일본 상인들은 물러가라!"

"알았소! 알았소! 요구 사항을 들어주겠소!"
제주도사 다구치는 나를 포함한 해녀 대표들에게
요구 사항을 들어주겠다는 약속을 했어. **우리가 승리한 거야.**

거짓 약속, 하지만 물러서지 않아

그날 밤, 나와 옥련이, 그리고 함께했던 친구들은
해변가 불턱에 모여 기쁨을 나누었단다.
힘을 모아 당당하게 권리를 요구하면
우리를 지킬 수 있다는 희망을 갖게 되었거든.

하지만 약속을 믿은 우리가 순진했던 걸까.
일본 경찰은 얼마 뒤, 해녀들을 마구잡이로 잡아들였어.
독립운동을 하던 선생님들까지도 말이야.
나도, 옥련이도, 그리고 야간 학교 선생님도
모두 잡혀가 모진 고문을 당했어.
바다에서 목숨을 걸고 숨을 참아 왔으니,
물고문쯤이야 견딜 수 있을 거라 생각했는데….
나는 까무룩 정신을 잃고 말았어.
하지만 그 기억만은 또렷하단다.
감옥에 갇힌 사람들을 풀어 달라며 소리치던
우리 해녀들의 끈질긴 함성 소리 말이야.

불턱 돌담을 쌓아 바람을 막은 곳으로 해녀가 물질을 하다가 나와서
불을 피우며 쉬는 곳이에요.

해녀의 노래

우리들은 제주도의 가엾은 해녀들
비참한 살림살이 세상이 안다.
추운 날 무더운 날 비가 오는 날에도
저 바다 물결 위에 시달리는 몸

아침 일찍 집을 떠나 황혼 되면 돌아와
어린아이 젖 먹이며 저녁밥 짓는다.
하루 종일 해 봤으나 버는 것은 기막혀
살자 하니 한숨으로 잠 못 이룬다.

이른 봄 고향 산천 부모 형제 이별하고
온 가족 생명 줄을 등에다 지어
파도 세고 무서운 저 바다를 건너서
기울산 대마도로 돈벌이 간다.

배움 없는 우리 해녀 가는 곳마다
저놈들의 착취 기관 설치해 놓고
우리들의 피와 땀을 착취하도다.
가엾은 우리 해녀 어디로 갈까?

어린 시절 나의 꿈은
우리 마을 최고의 해녀가 되는 거였어.
하지만 일본이 지배하는 바다에서
내 꿈을 이루기 위해서는 우선
빼앗긴 해녀의 권리를 되찾아야만 했지.
두려움을 이기고 빗창을 들었던 날,
그날의 내가 지금도 자랑스럽단다.

부춘화 지사는 제주 해녀 항쟁을 이끈 독립운동가예요. 1930년대 초, 제주의 바다는 일본 상인들에 의해 짓밟히고 있었답니다. 당시 구좌읍 하도리의 해녀 조합장이었던 부춘화 지사는 일본 상인들로부터 해녀들의 권리를 되찾기 위해 두려움을 이기고 용기를 냈어요. 마을 해녀 300명을 모아 호미와 빗창을 든 채 제주도사 다구치의 차를 막아선 거예요. 일본 경찰에서 잡혀 모진 고문을 당하면서도 "나 혼자 벌인 일"이라며 다른 해녀들을 보호하셨지요. 6개월간의 감옥살이를 마치고 나온 뒤, 부춘화 지사는 더 이상 제주도에 머물 수 없었답니다. 일본인들의 감시가 워낙 심해 아무것도 할 수 없었으니까요. 게다가 자신이 제주도에 머물 경우, 부춘화 지사를 옹호하는 동료들까지 위험에 빠질 수 있었지요. 결국 제주를 떠나 일본, 부산 등을 떠돌며 삶을 이어 가셨고, 광복을 맞이한 뒤에야 고향 제주도로 돌아올 수 있었답니다.

01 함께 기억해요

바다의 여성들이 이끈 빛나는 투쟁
제주 해녀 항쟁

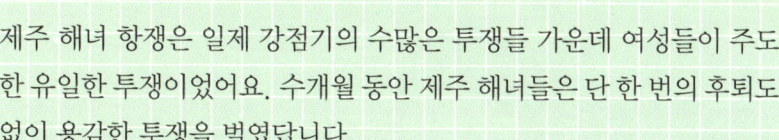

제주 해녀 항쟁은 일제 강점기의 수많은 투쟁들 가운데 여성들이 주도한 유일한 투쟁이었어요. 수개월 동안 제주 해녀들은 단 한 번의 후퇴도 없이 용감한 투쟁을 벌였답니다.

 일본은 우리나라를 완전히 집어삼키기 전인 1800년대 말부터 조선의 바다를 침략해 전복이며 해삼 등을 빼앗아 갔어요. 1930년대에 접어들면서 일제의 수탈은 더욱 심각해졌어요. 해녀 조합은 이미 일본인의 손아귀에 넘어갔고, 시세보다 턱없이 낮은 가격으로 해산물을 갈취하는 일도 빈번했지요.

 제주 해녀들은 일본 상인과 해녀 조합에 불만이 많았어요. 그래서 조합에 여러 차례 항의서를 제출했지만, 받아들여지지 않았답니다. 결국 해녀들의 분노는 폭발했어요. 당시 하도리 해녀 조합장 부춘화를 선두로 본격적인 투쟁이 시작된 거예요. 1932년 부춘화, 김옥련 등 하도리 해녀 300명이 이끈 세화리 장터 투쟁은 그 시작점이었지요.

해녀들의 단결된 힘에 놀란 일본 관리들은 요구 사항을 들어주겠다고 약속한 뒤, 곧바로 제주의 독립운동가들을 배후 세력으로 잡아들였어요. 이에 격분한 해녀들은 경찰서로 달려가 석방을 요구했고, 이 과정에서 부춘화, 김옥련, 부덕량 등이 체포되었지요. 감시망을 피해 우도로 피신한 독립운동가들이 배에 실려 잡혀가려 하자, 해녀 800여 명이 모여들어 배를 에워싸고 흔들어 뱃길을 막아답니다. 제주 해녀 항쟁은 이후로도 3개월간 이어졌고, 이 과정에 1만 7000여 명의 해녀들이 참여했어요.

두 번째 이야기

타협을 거부한 열일곱 소녀
동풍신
(1904~1921)

찔레꽃에는 뾰족한 가시가 돋아 있어요.
온몸이 피투성이가 될 때까지
가시를 세운 채 산화한 동풍신 열사의
애절한 마음이 담긴 꽃이랍니다.
찔레꽃의 꽃말은 '가족에 대한 그리움'이래요.
"제가 아버지를 찾아오겠어요!"

아버지의 죽음을 지켜보며
3·1운동의 소용돌이로 뛰어든
열일곱 동풍신 열사의 간절함이
그윽한 찔레꽃 향기처럼 퍼져 나갑니다.

아버지, 부디 몸조심하세요

이른 아침부터 집 안이 떠들썩했어.
아버지가 깨끗한 두루마기를 차려입고 집을 나서자
어머니는 아버지를 붙잡고 소리 내어 우셨어.
"몸도 성치 않은 사람이 어디를 간다고 그래요!"
**"동네 사람 모두 만세를 부르러 나가는데
제정신 박힌 사람이 누워만 있을 수는 없지 않소.
내 앞장서지 않을 테니 걱정 마시오."**
아버지는 평생 농사일을 하셨는데,
언제부터인가 시름시름 앓아누우셨단다.
그런 아버지가 장터에서 열린 만세 시위에
5천 명이나 모였다는 소식을 듣고는
꼭 나가야 한다며 온 힘을 다해 일어나신 거야.
나와 어머니는 걱정이 태산 같았지만
아버지의 당당한 걸음을 말릴 수 없었단다.

불안한 총소리

1919년 3월 1일, 서울에서 시작된 만세 시위는
내가 사는 함경북도까지 이어졌어.
오늘은 어제보다 더 많은 사람이 장터에 모인다는 말에,
아버지도 힘든 몸을 이끌고 나가신 거야.

나는 마당에서 어머니와 손을 꼭 붙들고 서 있었어.
저 멀리서 만세 소리가 들려왔지.
그런데 갑자기 말 울음소리와 고함이 나더니
'탁, 탁, 탁' 하는 낯선 소리가 들렸어.
그러고는 갑자기 만세 소리가 멈추고
아무 소리도 들리지 않았지.
왠지 모를 불안한 기운이 밀려들었단다.

"아이고! 형수님, 형님이…. 내가 옆에서 말렸어야 했는데!"
작은아버지가 집 안으로 뛰어 들어와 땅바닥에 엎드리셨어.

함경북도 한반도의 가장 북쪽에 있는 도예요. 두만강을 사이에 두고 러시아와 맞닿아 있어요.
3·1 운동 1919년 3월 1일을 기점으로 일본의 식민지 지배에 저항하여 전 민족이 일어난 최대 규모의 독립운동이에요.

"무슨 소리예요? 우리 풍신이 아빠가 왜요?"
"아이고, 형님이 일본 헌병이 쏜 총에 맞아서 그만…."

아버지는 시위대의 맨 앞에 서 계셨대.
시위대는 일제의 앞잡이가 되어 나쁜 짓을 일삼던
면장을 끌어내 혼을 냈는데,
일본 헌병들이 말을 타고 나타나서는
수천 명의 사람을 향해 총을 쏘아 댄 거야.

나는 몸이 바르르 떨렸어.
아버지, 아버지!

소복을 입고 집을 나서다

아파서 누워만 있어도
아버지는 나에게 가장 든든한 분이었어.
'풍신아, 이렇게 울고만 있어서는 안 돼.
풍신아, 아버지께 가야 해.'

나는 방에 들어가 소복을 입고 댕기 머리를 풀었어.
"어머니, 아버지를 모시고 올게요.
이런 모습으로 가면 일본 놈들도 함부로 못 할 거예요."
어머니는 통곡하며 나를 막았지만,
나는 뒤도 돌아보지 않고 집을 나섰지.

소복 하얗게 차려입은 옷으로 흔히 상복을 뜻해요.

돌아가신 아버지를 품에 안고

장터는 아수라장이었어.
말을 탄 일본 헌병대와 그 앞에 쓰러진 사람들,
그리고 눈물로 뒤범벅이 된 사람들까지.
나는 피로 얼룩진 두루마리를 입은 채
누워 있는 아버지를 품에 안고 한참을 울었단다.

그리고 목이 찢어져라 만세를 외치며 일어섰어.
총을 겨누고 있는 일본 놈들 앞으로 걸어갔지.
열일곱 어린 소녀가 머리를 풀어헤친 채
피 묻은 소복을 입고 앞장서자,
사람들은 하나둘 내 뒤를 따르며 다시 만세를 외쳤어.
일본 놈들은 내 모습에 당황해 주춤주춤 뒤로 물러섰지.

흔들리지 않고 앞으로

마을 사람들은 눈물을 닦고 만세를 불렀어.
죽음을 두려워하지 않고 만세를 불렀어.
우리는 기세에 눌린 일본 헌병들을 향해
더 크게 소리쳤어.
"대한 독립 만세! 대한 독립 만세!"

"탕! 탕! 탕!"

선두에 선 사람들이 총을 맞았어.
나는 흔들리지 않고 앞으로 나아갔지.
그때 일본 헌병 대장이 외쳤어.

"저 미친 여자를 어서 잡아!"

손과 발이 묶인 채 형무소로

일본 놈들에게 붙잡힌 나는 재판정으로 끌려갔어.
"말해! 누가 시킨 짓이냐! 배후에 누가 있지?"
"나는 아버지를 대신해 만세를 불렀소.
나라를 빼앗기고 부모를 잃은 내가
사람의 도리로 어찌 가만히 있겠소!"
재판정에서 끌려 나온 나를 기다리는 건 모진 고문뿐이었어.
누가 시킨 짓이냐고 물었지만, 거짓말을 내뱉을 수는 없잖아.

차가운 독방에 던져진 나는 울며 기도했단다.
"아버지! 너무 아프고 힘들어요.
이제 그만 아버지가 계신 곳으로 데려가 주세요.
어머니…, 죄송해요. 먼저 떠나는 저를 용서하세요."
죽었는지 살았는지도 알 수 없던 어느 날,
문이 열리더니 일본 놈들이 들어왔어.
눈을 가리고 손과 발을 밧줄로 묶더니
나를 차에 태우고 어디론가 데려갔지.
함께 탄 사람들 말로는 서대문 형무소로 가게 될 거래.
그곳에 가면 죽게 되겠지만, 무섭지는 않았어.

서대문 형무소 일제 강점기에 지어진 감옥으로 수많은 독립운동가가 투옥되었던 곳이에요. 오늘날에는 서대문 형무소 역사관으로 남아 많은 사람에게 당시의 아픈 역사를 알려 주는 장소가 되었어요.

풍신아, 어머니가 돌아가셨어!

"우리가 시키는 대로만 하면
돈도 주고, 아버님 장례도 성대히 치러 주지!
그러니 고집 그만 부리고 싹싹 빌어!"
서대문 형무소에서 나는 고문보다 끔찍한 짓을 당했어.
마지못해 만세 운동에 나갔고,
앞으로는 일본 천황에게 충성하겠다고 약속하면
내 목숨과 내 가족을 지켜 주겠다는 거야.
너무나 비참해 구토가 나올 지경이었어.

협박과 회유를 간신히 버티고 있을 때,
'끼이익' 문이 열리더니, 한 아주머니가 들어왔어.
그날 밤, 아주머니는 내 등 뒤에 나란히 눕더니,
어깨에 손을 올리며 속삭였단다.
"풍신아! 너 풍신이 맞지? 아직 소식 못 들었지?
내가 동네 사람들에게 들었는데,
네 어머니가 밤낮으로 애를 태우다 며칠 전에 돌아가셨대."
그 말에, 나는 꼼짝도 할 수 없었어.

그렇게 아버지 품으로…

기막힌 게 뭔지 알아?
아주머니의 말이 거짓이었다는 거야.
일본 놈들이 내 마음을 약하게 만들려고 꾸민 짓이었어.
정말 악랄하지.

하지만 나는 아주머니의 말을 의심하지 못했어.
"풍신아, 장례 끝나기 전에 어머니 얼굴이라도 뵈어야지.
그냥 시키는 대로 서류에 이름만 쓰고 나가.
너 때문에 어머니가 돌아가셨는데,
자식 된 도리로 마지막 절이라도 해야지."
"어머니! 죄송해요…."
나는 그 자리에서 정신을 잃었단다.
깨어난 뒤에는 아무것도 먹을 수 없었어.
일본 경찰은 내 입을 벌려 음식을 넣으려 했지만
아버지와 어머니를 떠나보낸 나는
더는 살아갈 힘이 없었단다.

그렇게 나는 열일곱 살에 세상을 떠났어.

나는 평범한 농부의 딸이었어.
내 고향 함경북도는
땅도 척박하고, 춥기도 추워서
어려서부터 굶기가 일쑤였단다.
가족들 먹여 살리느라 평생을 바친
우리 아버지를 일본 놈들에게 잃었던 날,
나는 처음으로 당당하게 만세를 외쳤어.

　동풍신 열사는 '북쪽의 유관순'이라고 불려요. 유관순 열사처럼, 어린 나이에 3·1 운동에 참여했다가 모진 고문 끝에 감옥에서 숨을 거두었지요. 두 분 모두 이 과정에서 부모를 여의었고요. 당시 동풍신 열사의 나이는 열 일곱. 정말로 가슴 아픈 일이었지요.

　동풍신 열사의 삶이 더욱 애달픈 건, 일본 경찰의 악랄한 회유 방법이었어요. 어머니가 돌아가셨다고 믿은 채로 숨을 거두셨으니, 저승에서 얼마나 가슴이 아프셨을까요? 당시 일본은 3·1 운동이 전국적으로 확산되는 것을 무척 두려워했어요. 소복을 입고 시위대를 이끈 한 소녀의 이야기가 조선 사람들에게 널리 퍼져 나가자, 일본은 이 기세를 꺾기 위해 동풍신 열사를 회유하려 했지요. 만세 운동의 표상이 된 인물이 그 일을 후회하고, 일본 천황에게 충성을 맹세했다는 소문이 돌면, 조선 사람들의 분노가 수그러들 거라 생각했던 거지요. 어떠한 협박과 회유에도 끝내 자신의 의지를 꺾지 않은 동풍신 열사, 함께 기억해요.

02 함께 기억해요

일제 강점기 최대의 항쟁

3·1 운동

3·1 운동은 온 민족이 독립을 간절히 바라고 있다는 것을 만천하에 보여 준 민족 최대의 항쟁이었어요. 비록 나라의 독립을 이루지는 못했지만, 민족이 힘을 모으면 반드시 나라를 되찾을 수 있다는 자신감을 얻었지요.

🔥 1918년, 제1차 세계 대전이 끝난 뒤, 전 세계의 식민지에서는 민족의 독립을 열망하는 기운이 감돌았어요. 이에 국내에서 독립운동을 이끌던 손병희, 이승훈, 한용운 등 종교 지도자들은 독립 선언을 기획하고, 이를 이끌 민족 대표 33인을 뽑았어요. 독립 선언서 2만 장을 찍고, 3월 1일 탑골 공원에 모이기로 했지요.

🔥 1919년 3월 1일. 드디어 독립 선언의 날이 밝았어요. 탑골 공원에는 5000여 명의 사람이 모였지만, 이를 준비했던 민족 대표들은 일본 경찰에 잡혀가고 말았답니다. 이때 조선 학생 하나가 팔각정 위로 후다닥 뛰어올라 민족 대표들을 대신해 독립 선언서를 읽었어요. 사람들은 감격에 겨워 독립 만세를 외치기 시작했고, 모두 한마음이 되어 경성의 거리를 휩쓸며 만세 운동을 시작했어요.

🔥 만세 운동의 열기는 전국으로 확산되었어요. 3·1 운동에 참여했던 사람들은 태극기와 독립 선언서를 품속에 감추고 고향으로 속속 내려갔어요. 고향 사람들에게 소식을 알리고 만세 운동을 이끌기 시작했지요. 전국적인 만세 운동은 석 달 동안 이어졌고, 일본은 군대까지 불러들여 총칼을 휘둘러 진압했지요. 일본의 탄압으로 8000명이 넘는 조선 사람이 죽고, 5만 명에 가까운 사람이 끌려가 고문을 당했습니다.

세 번째 이야기

적의 심장에 폭탄을 던진 투사
안경신
(1888~?)

좁다란 돌담길에 핀 참나리는
짙은 주황 꽃잎에 까만 점이 박힌 모습으로
길 가는 사람들의 눈길을 사로잡아요.
참나리의 꽃말은 '순수한 마음'이랍니다.
총과 칼로 조선을 짓밟은 일본을 향해
폭탄을 던져 항쟁한 안경신 의사는
누구보다 순수한 애국심을 품고 있었어요.
"저를 가장 중요한 일에 써 주세요."
라며 자신을 독립운동의 최전선에 던졌지요.
적군을 벌벌 떨게 만든
안경신 의사의 삶을 만나 보아요.

만주로 떠나는 날

시커먼 연기를 뿜으며 기차가 달리기 시작해.
이곳은 평양. 나는 만주로 향하고 있어.
나는 3·1 운동의 회오리 속에서 태극기를 흔들며
빼앗긴 나라를 되찾는 데 내 삶을 던지기로 했어.
대한 애국 부인회에서 활동하면서 독립운동 자금을 모았지.

하지만 이걸로 될까? 총칼을 앞세운 일본 놈들을?
아니야. 평화적인 방법으로 아무리 호소해도
총칼을 앞세운 일본은 순순히 돌아가지 않을 거야.
우리도 힘으로 맞서야만 해. 그래야 그들을 물리칠 수 있어.

만주 중국의 동북 지역을 부르는 말로, 남쪽은 압록강과 두만강을 경계로 우리나라와 잇닿아 있어요.
대한 애국 부인회 1919년, 평양에서 조직된 여성 독립운동 단체예요.

무장 투쟁을 위한 첫걸음

머나먼 여정 끝에 마침내 만주에 도착한 나는
서둘러 광복군 총영을 찾았어.
이곳은 보통의 군대와는 좀 다르단다.
일본의 주요 기관을 폭파하거나
핵심 인물을 암살하는 작전을 펼치는 조직이지.
"동지의 뜻은 감사하지만, 이 일은 너무 위험합니다.
여성의 몸으로 감당하기 힘들 수 있어요."
나는 대장이 말을 마치기도 전에 입을 열었단다.
**"맞습니다. 하지만 여성이기 때문에 오히려
적들의 의심을 피할 수 있지 않겠습니까!
그러니 저를 가장 중요한 일에 써 주세요.
싸우기 위해 이곳까지 왔습니다."**
한순간도 머뭇거리지 않는 나의 태도에
대장은 결국 입대를 허락했어.
그리고 바로 다음 날부터 혹독한 훈련이 시작되었지.

광복군 총영 1920년 남만주 지역에서 조직된 독립운동 단체예요.

폭탄을 품고 압록강을 건너다

드디어 기회가 찾아왔어.

미국 의원 100여 명이 아시아 순방을 하는데,

중국을 거쳐 우리나라를 둘러본 후

일본으로 건너간다는 거야.

일본이 얼마나 악랄하게 조선을 지배하고 있는지,

우리 민족이 얼마나 절실하게 독립을 열망하고 있는지

전 세계에 보여 줄 절호의 기회였어.

우리는 미국 의원단의 경로를 따라

경찰서와 관공서를 폭파해 투쟁의 의지를 보이기로 했지.

당시에 나는 아기를 품은 몸이었어.

모두 나를 걱정했지만,

나는 오히려 내 아이가 나를 지켜 줄 거라고 믿었단다.

임신부가 폭탄을 던질 거라고는 아무도 생각하지 못할 거야.

"제1대는 서울, 제2대는 평양, 제3대는 신의주를 맡습니다.

안경신 동지는 제2대로 움직여 주시오. 건투를 빕니다."

목숨을 건 일이지만 무섭지 않았어.

진짜 무서운 건 일본에 영원히 지배당하는 거니까.

나와 동료들은 압록강을 건너 평양 시내로 숨어들었어.

다시 3개 조로 쪼개져 작전에 돌입했지.

1920년 8월 3일 밤 9시 30분.

드디어 1조가 평남도청을 향해 폭탄을 던졌어.

"콰쾅!"

거대한 소리와 함께 담장과 건물 일부가 무너졌어.

이 정도면 성공이야! 신문에 기사가 쏟아지면서

미국 의원들의 관심을 끌게 될 테니까.

폭탄을 품고 압록강을 건너다

드디어 작전 시작이야.
내가 속한 2조의 목표물은 평양 경찰서였어.
그런데 예기치 못한 상황이 벌어졌단다.
갑자기 비가 주룩주룩 내리기 시작한 거야.

나는 평양 경찰서가 보이는 골목길에 숨어
성냥을 꺼내 들고 폭탄 도화선에 불을 붙였어.

'틱! 틱! 틱!'
아, 점화가 되지 않아!

퍼붓는 빗줄기에 성냥은 이미 축축해져 버렸어.
가슴이 타들어 갔어.
야속한 비는 더 세차게 내렸고
우리는 일단 철수를 해야 했어.
조금 전 있었던 폭파 사건으로
이미 일본 경찰들이 거리를 샅샅이 감시하고 있었거든.

좁혀 드는 감시망을 피해

우리는 뿔뿔이 흩어져 몸을 숨겼어.
나는 비를 맞으며 참외밭에서 밤을 보냈지.
내리는 비가 원망스러웠지만, 어쩌면 다행이었어.
빗물이 내 눈물을 가려 줬거든.

나는 이곳저곳을 옮겨 다니며 다음 기회를 노렸어.
폭탄 한 개를 치마 속에 숨긴 채 때를 기다렸지.
배 속의 아기는 무럭무럭 자라고 있었어.
하지만 일본 경찰은 체포망을 점점 좁히며
결국 내가 숨은 곳까지 들이닥쳤단다.

아기를 안고 재판정에 서다

나는 체포되어 이송되던 중에 아기를 낳았어.
몸도 추스르지 못한 채로
우는 아기를 품에 안고 재판정에 섰지.
아기가 태어난 지 12일째 되는 날이었단다.
"국가 혼란을 일으킨 죄로 피고에게 사형을 선고한다!"
나라를 위해 목숨을 던진 건 후회하지 않아.
하지만 아무것도 모른 채 방긋 웃는 아기를 보니
죄스러운 마음이 밀려들었지.
'아무것도 해 줄 수 없는 바보 같은 엄마구나.'
나는 아기를 오빠에게 맡긴 채 감옥살이를 시작했어.
다행히 다시 열린 재판에서 징역 10년형을 받았어.
10년 뒤에라도 아들을 만날 수 있다니!

나는 그날을 기다리며
힘든 감옥 생활을 견뎠단다.

아가야, 미안해 미안해

그렇게 세월이 흘렀어. 마침내 감옥을 나와
나는 오빠네를 향해 정신없이 달렸단다.
내 아기는 잘 자랐을까? 나를 미워하면 어쩌지….
그날, 오빠는 나를 보자마자 부둥켜안은 채 울었어.
"경신아, 내가 차마 못한 말이 있단다.
네 아들이 앞을 못 봐.
태어났을 때 제대로 먹지 못해 그리됐단다."
하늘이 무너지는 것 같았어.
나는 방 안에 덩그러니 앉아 있는,
나를 보지 못하는 아들을 품에 안고
엉엉 울 수밖에 없었어.
슬픈 소식은 그뿐이 아니었단다.
어머니는 내가 감옥에 간 충격으로 돌아가셨어.
나의 동지들은 객지에서 처참하게 죽었지.

아직도 일본 놈들은 제 나라로 돌아가지 않았는데….
아, 이제 나는 어떻게 살아가야 할까.

3·1 운동의 회오리 속에서
나는 독립운동에 내 삶을 던졌단다.
그리고 일본의 총칼에 맞서려면
우리도 무력으로 맞서야 한다고
굳게 믿었어. 그래서 아기를 품은
몸이었지만, 용감하게 폭탄을 던졌지.
나의 투쟁을 기억해 주겠니?

안경신 의사는 임신한 몸으로 폭탄을 던진 투사로 알려져 있어요. 평화적인 방법으로는 일본을 이길 수 없다는 신념으로 언제나 강력한 무력 투쟁을 주장했지요. "나는 일제 침략자를 놀라게 해서 그들을 섬나라로 철수시킬 수 있는 방법이 무엇인가를 곰곰이 생각해 보았다. 그것은 곧 무력적인 응징이다."

독립에 대한 변함없는 의지가 있었기에, 안경신 의사는 두려움을 떨치고, 위험을 무릅쓸 수 있었답니다.

안경신 의사는 평양 폭탄 투척 사건으로 사형을 선고받아요. 이때 임시 정부는 적극적으로 투서를 보내는 등 백방으로 안경신 의사를 살리기 위해 노력합니다. 덕분에 사형을 면할 수 있었지요.

하지만 세월이 흐른 뒤 맞이한 상황은 안경신 의사에게 참혹한 슬픔을 안겨 주었어요. 아들은 앞을 보지 못하고, 어머니는 슬픔에 돌아가셨고, 동료들은 독립운동 과정에서 숨을 거두었으니까요. 이후 안경신 의사의 행적은 지금껏 밝혀지지 않았답니다.

03 함께 기억해요

목숨을 걸고 폭탄을 던지다

항일 투쟁의 선봉에 선 의사들

안중근, 이봉창, 윤봉길… 귀에 익숙한 독립운동가의 이름이지요? 이분들을 부를 때, 우리는 '의사'라고 해요. 나라와 민족을 위하여 무력으로 항거하다가 돌아가신 분들을 부르는 말이지요.

안중근 의사
원래 만주에서 의병 부대를 이끌었어요. 1909년, 단지회라는 비밀 조직을 만들어 조선 침략의 원흉인 이토 히로부미를 하얼빈역에서 암살한 뒤, 체포되어 사형을 당하셨어요.

강우규 의사
1919년 9월, 서울역 앞에서 조선 총독 사이토가 탄 마차에 폭탄을 던졌어요. 암살은 실패했지만, 이후 일본 경찰에게 암살에 대한 두려움을 심어주었답니다. 결국 체포되어 사형을 당하셨어요.

김상옥 의사
의열단원으로 활동하던 김상옥 의사는 1923년, 독립운동가들을 잡아 가두던 종로 경찰서에 폭탄을 투척했어요. 이후 사이토 총독 암살을 시도한 뒤, 치열한 총격전 끝에 끝내 자결하셨지요.

나석주 의사
의열단원으로 활동하던 나석주 의사는 1926년, 조선의 토지를 빼앗는 등 약탈을 일삼는 동양 척식 주식회사에 폭탄을 던졌어요. 폭탄은 불발이었고, 이어진 총격전에서 끝내 자결하셨지요.

이봉창 의사
한인 애국단원으로 활동하면서 1932년 1월, 일본 천황 히로히토 암살 계획을 세웠어요. 도쿄 시내에서 히로히토가 탄 마차에 폭탄을 던졌지만 실패하고 결국 사형을 당하셨지요.

윤봉길 의사
한인 애국단원으로, 1932년, 중국 훙커우 공원에서 일본군 지휘관들에게 폭탄을 던졌어요. 시라카와 대장을 비롯해 많은 일본군 지휘관이 죽거나 다쳤지요. 그 자리에서 체포되어 사형을 당했어요.

> 네 번째 이야기

농촌 교육을 이끈 상록수의 주인공
최용신
(1909~1935)

최용신 선생님은 샘골 마을 사람들에게
상록수처럼 변함없는 사람이었어요.
한글을 배울 곳도, 셈을 배울 곳도 없었던
가난한 농촌의 아이들을
온 힘을 다해 가르치고, 사랑했답니다.
"애처로운 우리 학생들을 어찌하나, 어찌하나."
마지막 순간까지 학생들을 걱정한 선생님.
농촌으로 들어가 배움을 나누겠다는
꿈을 실현해 나간 그의 삶을 만나 볼까요?

누나는 연필 장사예요?

이곳은 마을에서 가장 낡은 집.
흙을 이겨 갈라진 벽과 방바닥을 메우고, 도배지를 발랐어.
"용신아, 이만하면 수업할 수 있겠다. 그렇지?"
"네, 선배님. 저도 열심히 해 볼게요."
이곳은 황해도의 시골 마을 용현리야.
나와 김노득 선배가 여름 방학 동안 학당을 열 곳이지.

나는 구경 온 아이들에게 연필과 공책을 나눠 주었어.
"누나들은 연필 장사예요?"
"하하, 아니야. 너희한테 한글이랑 노래 가르쳐 주려고 왔어."
일본이 우리나라를 침략한 지 어언 10년이 흘렀어.
힘들지 않은 곳이 없지만, 가난한 산골 마을은 고통이 더해.
아이들은 늘 굶주리고, 변변한 학교도 없지.
도시에서 학교에 다니던 나는, 언젠가 농촌으로 가서
내가 배운 지식을 나누겠다는 꿈을 키우고 있단다.

공부는 무슨 공부!

우리는 낮에는 아이들을 모아 가르치고,
저녁에는 청년들에게 찬송가와 한글을 가르쳤어.
"가, 나, 다, 라, 마, 바, 사."
아이들은 참새처럼 조잘대며 우리를 잘 따라 주었어.
한 글자 한 글자 익힐 때마다 마음이 뭉클했지.
하지만 마을 어르신 중에는
우리를 못마땅하게 여기는 분들도 많았단다.
"당장 먹을 것도 없는데 공부는 무슨 공부!
부모 잘 만나 도시에서 공부한 너희들이
먹고 사는 게 뭔지 알기나 해! 어서 가 버려!"
할아버지가 휘두르는 지팡이에 도망치기도 했지.
하지만 진심으로 아이들을 가르치는 모습에
동네 어르신들의 태도도 조금씩 변해 갔어.

어느덧 석 달이 흘러 그동안 배운 것을 발표하는 날,
아이들이 노래하고 책을 읽는 모습을 보며
구경하던 어른들은 눈물까지 흘렸단다.

조금 더 훌륭한 사람이 되자!

다시 학교로 돌아왔어.

나를 붙잡던 아이들의 얼굴이 눈에 밟혔지만

마음을 다잡고 책을 펼쳤지.

그런데 며칠 뒤, 교수님께 놀라운 소식을 들었어.

김노득 선배가 학업을 연기하고 다시 용현리로 갔다는 거야.

그 소식에 나도 마음이 흔들렸지.

하루라도 빨리 도움이 필요한 곳으로 가서

봉사 활동을 하는 게 낫지 않을까?

"아니야. 아직은 아니야. 조금 더 준비해야 해."

그저 기역, 니은을 가르치는 게 아니었어.

일본이 지배하고 있는 참혹한 현실 속에서

세상을 어떻게 바라보아야 하는지

세상을 어떻게 살아 나가야 하는지

제대로 알려 주는 것이 나의 역할이라고 생각했거든.

그러려면 나 역시 조금 더 훌륭한 사람이 되어야 하겠지?

마침내 샘골로 향하다

"저기가 샘골이구나!"
1931년 가을, 나는 드디어 내 꿈을 향해 길을 떠났어.
조선 사람이어서, 가난해서, 여자여서, 어린이여서,
한글조차 배우지 못하는 사람들을 위해 내 일생을 바치기로 한 거야.

당시 대학생 중에는 나와 같은 꿈을 품고
농촌으로 향하는 사람들이 많았어.
이곳 샘골에서는 이미 강습소가 운영되고 있었단다.
수업을 맡은 선교사분이 자리를 비우게 되어서
그 자리를 내가 대신하게 된 거지.

"공부나 하던 여학생이 강습소를 맡는다고?"
마을 사람들은 걱정스러운 눈빛이었어.
"열심히 하겠습니다! 최선을 다해 볼게요."

나는 아이들을 가르치는 일은 물론이고,
농사일이 바쁠 때는 달려가서 손을 거들었어.
밤에는 어른들에게 한글과 수예, 재봉까지 가르쳤지.

"아이고, 우리 선생님 안 왔으면 어떡할 뻔 했어?
내가 글을 깨치다니! 꿈에도 생각 못한 일이야."
"그러게 말이야. 어려 보여도
아주 대단한 사람이야."

마을 어르신들의 칭찬이 이어졌어.
나의 진심이 전해진 거겠지?
샘골 강습소는 점점 커져서 학생이 100명도 넘었어.

샘골 학원을 위하여

더운 여름도 지나고 추석이 다가왔어.
학생들이 그동안 배운 것을 발표하는 자리를 만들었지.
마을 사람들은 학생들의 노래와 춤, 그리고 연극을 보면서
아낌없는 박수를 보냈단다.
그리고 나는 강습소의 미래를 이야기했어.
"공부하는 건 먹고사는 일에 방해가 되는 게 아닙니다.
먹고사는 일은 농사짓는 것만이 아니고요.
우리 학생들은 장차 자신들의 소질을 살려
누구는 선생님이 되고, 누구는 작가도 될 거예요.

우리 아이들이 더 넓은 세상에서 꿈을 키워 나간다면
우리나라도 더 평등하고 더 풍요로운 세상이 될 겁니다!"
연설이 끝나자 모두 한마음으로 바라던 일이 진행됐어.
마을 어르신들이 나서서 '샘골 학원'을 세우는
준비에 나선 거야. 제대로 된 학교를 만들게 된 거지.

일제의 탄압, 그리고 이별

마침내 문을 연 샘골 학원.
그러나 곧 일본의 탄압이 시작되었어.
우리를 눈엣가시로 여기던 조선 총독부가
우리말과 역사 수업을 금지한 거야.

하지만 나는 이에 굴하지 않았단다.
일본어가 아닌 우리말을 국어로 가르치고,
수업 시간에 태극기를 그리며,
무궁화가 그려진 학원 마크를 모자 앞에 달게 했지.
그러자 일본은 학원 운영비를 대는 단체를 협박해
교사 월급조차 주지 못할 상황을 만들었단다.

결국 나는 샘골 학원을 잠시 떠나기로 했어.
내가 떠나야 일본이 탄압을 멈추고,
샘골 학원이 계속 문을 열 수 있을 테니까.
그렇게 4년 간의 샘골 생활은 막을 내렸어.

조선 총독부 1910년부터 1945년까지 35년 동안 우리나라를 식민지로 지배하면서
수탈을 일삼은 기관이에요.

병든 몸으로, 다시 샘골로

나는 고민 끝에 일본으로 유학을 떠났어.
농민 운동에 도움이 될 공부를 더 하고 싶었거든.
일본에 온 지 3개월쯤 되었을까?
나는 시름시름 앓게 되었어. 과로로 생긴 병이래.
하는 수 없이 나는 돌아와야만 했단다.
고향인 원산으로 가려고 했지만,
샘골 사람들이 내가 돌아오기를 바란다는 소식에
병을 숨긴 채, 샘골로 향했지.

"최용신 선생님이 돌아왔다. 만세, 만세!"
"정말 보고 싶었어요. 앞으로도 잘 부탁드립니다!"
며칠 못 가, 마을 사람들은 내 병을 눈치챘어.
병색이 완연하니 그럴 수밖에.
"우리 모두 힘을 합쳐 최용신 선생님을 지킵시다!"
"네 맞습니다. 선생님의 건강을 되찾아 드립시다!"
고마운 마음에 벌써 병이 다 나은 것 같았단다.

내가 할 수 있는 마지막 일

"선생님, 큰일났어요! YWCA에서
더 이상 우리를 지원할 수 없대요!"
날벼락 같은 소식이었어.
"아, 하늘도 무심하시지. 우리 샘골 학원은 이제 어찌해야 하나…."
나는 아픈 몸을 이끌고 책상에 앉아 펜을 들었어.
한탄만 하고 있을 때가 아니었어.
나는 샘골 학원의 현실을 모두에게 알리기 위해
온 힘을 다해 호소문을 썼단다.
샘골을 위해 내가 할 수 있는 마지막 일이었지.

YWCA 기독교 여자 청년회. 기독교에 바탕을 둔 국제적인 여성 운동 단체로 사회사업에 이바지하는 것을 목적으로 해요.

내가 사는 이 마을은
서울서도 멀지 않은 서해안의 작은 산골짜기랍니다.
이 마을에 있는 샘골 학원은 가르치는 데 사명을 다하고 있습니다. 그러나 후원이 끊기자 샘골 학원을 폐쇄해야 하는 현실에 모두 원통한 울음을 터트리고 있습니다.

가르칠 줄도 알고 배울 줄도 알건마는 우리에게는 여유가 없습니다. 배움에 굶주린 우리 농촌 어린이들은 장차 어디로 가며, 가르쳐 주고 싶은 우리의 마음을 어디다 하소연하겠습니까?

우리나라의 부흥은 농촌에 있고 민족의 발전은 농민에 있다 하거든, 배우지 못하고 가르치지 못한 우리에게 무슨 발전이 있으며 미래가 있겠습니까? 우리 농민의 하소연을 어찌 다 쓰겠습니까? 앞으로 긴긴밤에 잠 못 이루고 나오는 한숨과 흐르는 눈물에 땅이 꺼지지 않기를 바랄 뿐입니다.

도시의 여러분이여! 우리 농촌의 어린이들은 배가 고프고 배움에 목이 마릅니다. 여러분이시여! 이 강산을 개척하고 이 겨레를 발전시킬 농촌의 어린이를 길러 주소서. 뜻 있는 이여!
우리 농촌의 아들과 딸의 눈물을 씻어 주소서.

몸이 낫지 않은 채
수업을 다시 시작해서였을까.
나는 결국 쓰러졌고 다시 일어나지 못했어.
내 나이 스물다섯이었지.

내가 갈지라도 샘골 학원을 영원히 지켜 주세요.
내가 죽으면 샘골 학원이 잘 보이는 곳에 묻어 주세요.

그리고 애처로운 우리 학생들의 앞날을
어찌하나, 어찌하나.

"겨레의 후손들아!
위대한 사람이 되는 네 가지 요소가
여기 있나니. 첫째는 가난의 훈련이요,
둘째는 어진 어머니의 교육이요,
셋째는 청소년 시절에 받은 큰 감동이요,
넷째는 위인의 전기를 많이 읽고
분발함이라."

최용신 선생님은 심훈의 소설 〈상록수〉의 주인공으로 알려져 있어요. 소설의 주인공이 될 만큼, 최용신 선생님의 샘골에 대한 헌신은 당시에도 소문이 자자할 정도였답니다.

선생님은 어릴 때 천연두를 심하게 앓아 얼굴에 마마 자국이 있었대요. 그래서 혼자 지내는 시간이 많았고, 그 시간에 깊은 사색에 몰두하셨대요. 이후 학교 선생님을 통해 농촌 운동을 접하게 되면서 농촌으로 가 아이들을 가르치는 일에 평생을 바칠 결심을 하셨답니다.

샘골은 오늘날 경기도 안산시에 있는 마을이에요. 샘골에서 선생님의 하루 일과는 쉴틈이 하나도 없었어요. 아이들을 가르치는 일은 물론이고 마을의 환경을 개선하고, 소득을 늘리기 위한 방법을 제안하는 등 그야말로 다양한 영역에서 농촌운동을 펼쳤답니다. 학생들에게 학용품을 사 주기 위해 짬이 날 때마다 밭일까지 하셨다고 하니, 그 고단함이 고스란히 전해져요. 스물다섯이라는 젊은 나이에 생을 마감하신 선생님의 치열한 삶을 통해 배움의 중요성을 되새겨 봅니다.

 **04 함께 기억해요**

민족의 힘을 키우자!
실력 양성 운동

3·1 운동이 끝난 뒤, 뜻있는 사람 몇몇은 나라를 되찾으려면 만세 운동만 벌여서는 안 되고, 나라를 꾸려 나갈 실력을 갖추어야 한다고 주장했어요. 이를 민족 실력 양성 운동이라고 하는데, 경제와 교육 부문에서 다양한 운동이 전개되었답니다.

물산 장려 운동

기업을 운영하는 사람들은 나라의 힘이 곧 돈에서 나온다고 주장했어요. 그러려면 먼저 우리 민족 기업을 살려야 하고, 이를 위해 일본 제품을 쓰지 말고, 조선 기업에서 만든 물건을 써야 한다고 했지요. 이를 물산 장려 운동이라고 하는데, 1922년부터 시작되어 한때 전국적으로 퍼져나갔답니다.

아는 것이 힘이다

지식인들은 일부 지도층이 전문 지식을 갖는 것만으로는 독립 국가를 이룰 수 없고, 모든 국민이 어느 정도 수준의 교양을 갖춰야 한다고 주장했어요. 이들 중 일부는 배우고 싶어도 배울 기회가 없는 농민이나 노동자를 위해 야학을 세우고 열심히 한글을 가르치며 '문맹 퇴치 운동'을 펼쳤어요.

민립 대학 설립 운동

우리 민족 스스로 대학교를 세우자는 운동이에요. 독립을 이루고, 새로운 국가를 꾸려 나가려면 여러 가지 전문적인 지식이 있어야 하는데, 조선인이 수준 높은 지식을 배울 대학교가 없으니, 우리가 돈을 모아 대학교를 세우자는 것이었지요. 우리 민족 1000만 명이 저마다 1원씩 내어 1000만 원을 모금하는 것을 목표로 했지만, 일본의 방해와 자연재해 등으로 결실을 보지는 못했답니다.

다섯 번째 이야기

무장 투쟁의 최전선에서
박차정
(1910~1944)

매발톱꽃 꽃말은 '승리의 맹세'래요.
고문의 상처가 채 가시지도 않은 몸으로
민족의 승리, 민족의 독립을 위해
만주 벌판으로 달려간 박차정 의사.
박차정 의사는 그곳에서 승리를 맹세하는
희망의 노래를 부르며 총을 들었답니다.

'가슴이 피 용솟음치는 동포여,
울어도 소용없는 눈물 거두고
결의를 굳게 하여 모두 일어서라.'

"우리는 반드시 승리한다!"

엄마를 기다리는 겨울밤

내 아버지는 1918년에 유서를 남긴 채, 목숨을 끊으셨어.
일본에 나라를 빼앗긴 뒤, 일본 놈들에게
짓밟히는 조선 땅을 지켜보며 울분을 참지 못하셨지.
아버지의 장례식이 있던 날,
나는 아직 어렸지만, 속으로 나와 약속했단다.
　　　　　아버지의 한을 꼭 풀어 드리겠다고 말이야.

어머니는 홀로 우리를 키우셨어.
삯바느질로 생계를 이어 가셨는데,
다른 집에 일하러 갔다 밤늦게 오시기도 했어.
"누나, 어머니는 언제 와?"
"조금만 기다리면 오실 거야. 오시면 밥 차려 줄게."
언니와 나는 어린 동생을 꼭 안고
재미있는 이야기를 지어 놀며 긴긴 겨울밤을 보냈어.

일장기가 펄럭이는 운동장에서

어머니는 사람은 배워야 한다며
어려운 살림에도 우리를 모두 학교에 보내셨어.
내가 다니는 학교는 부산에 있는 동래 일신여학교야.
3·1 운동을 이끌었던 훌륭한 학교지만,
겉으로 보이는 풍경은 참기 힘들어.

**운동장에는 일본 국기가 펄럭이고,
천황 부부 사진이 걸린 교실에서
일본어를 국어로 배우니까.**

나는 시간이 나면 도서관에서 책을 빌려 읽었어.
"차정아, 오늘은 무슨 책 읽어?"
"응. 다른 나라의 독립운동에 관한 책이야."
나는 글쓰기도 즐거웠어.
학교 교지에 내가 쓴 소설이 실리기도 했지!
소설을 본 선생님은 나에게 문학도가 되라고 하셨지만,
나는 무엇을 할지 이미 결심했단다.
"선생님, 저는 독립운동을 할 거예요."

다시 불붙은 만세 운동

내가 근우회에서 활동할 무렵이었어.
1929년 11월, 광주에서 큰 사건이 터졌단다.
일본 학생들과 조선 학생들의 작은 싸움을 계기로
광주 학생 항일 운동이 시작된 거야.
우리 근우회 회원들도 가만히 있을 수 없었지.
곧장 경성의 여학교를 중심으로 시위대를 조직했어.
3·1 운동 이후로 가장 큰 만세 운동이 시작된 거야.

"일본 제국주의 물러가라!"

"약소 민족에게 독립을!"

나는 시위를 주도한 죄로 일본 경찰에 붙잡혔어.

일본 경찰은 손으로 얼굴과 머리를 사정없이 때리고

넘어지면 발로 차고 밟았어.

그렇게 3개월을 견디고 목숨이 위태로워지자

겨우 풀려날 수 있었단다.

근우회 1927년 5월에 조직된 항일 여성 운동 단체예요.
광주 학생 항일 운동 1929년 11월 광주에서 시작되어 이듬해 3월까지 전국에서 벌어진 학생들의 시위운동이에요.

의열단원이 되어

상처가 채 아물지도 않았을 때,
나는 인천에서 중국으로 향하는 배에 올랐어.
일본 경찰의 감시를 피해 망명길에 오른 거야.
중국에서 의열단 활동을 하고 있는 오빠에게 가기로 했지.
"차정아, 몸은 좀 어떠니. 오빠가 지켜 주지도 못하고."
"괜찮아요. 오빠, 저도 의열단에서 일할 수 있겠죠?"
"급하기는. 우선 몸부터 추스르자. 그리고 중국어도 배워야 해.
사람들 눈을 속이려면 중국인 행세를 해야 안전하거든."
그렇게 몇 달이 흐른 뒤, 나는 드디어 의열단 문을 두드렸어.
단장 김원봉을 만나게 된 거야.
"안녕하십니까! 저는 박차정이라고 합니다!"
"반갑습니다. 그동안의 활동은 잘 알고 있습니다."
의열단을 이끄는 사람이니
성격이 급하고 거칠 거라고 생각했는데,
단장은 의외로 부드러운 사람이었어.

의열단 1919년 11월 만주에서 조직된 항일 무력 독립운동 단체예요.
김원봉 일제 강점기 독립운동가로, 1919년 의열단을 조직하고, 1938년에는 조선 의용대를 창설하는 등 일제에 대한 무장 투쟁을 전개하는 데 앞장섰어요.

난징에서 희망을 노래하다

나는 의열단에서 활동하며 평생의 동지를 얻었어.
바로 김원봉 단장이었지.
"죽는 날까지 함께하며 독립을 이룹시다!"
그렇게 우리는 동지들의 축복 속에 부부가 되었어.
하지만 행복한 순간은 잠시뿐이었단다.
1931년, 일본이 만주를 점령해 만주국을 세운 거야.
만주에서 활동하던 수많은 독립군이 근거지를 옮겼고,
의열단도 베이징에서 난징으로 이동했지.

난징에 도착한 우리는 독립군을 양성하는 학교를 세웠어.
교장은 남편이 맡았고, 나는 여자부 교관으로 활동했지.
나는 '임철애'란 가명을 사용했단다.
우리를 감시하는 일본군에게 혼선을 주기 위한 거였지.
힘든 하루하루였지만, 나는 독립을 희망하며 노래를 지었단다.

"조선에서 자란 소년들이여, 가슴이 피 용솟음치는 동포여,
울어도 소용없는 눈물 거두고 결의를 굳게 하여 모두 일어서라.
한을 지우고 성스러운 싸움으로 필승의 의기가 여기서 뛴다."

만주국 1932년에 일본이 중국 동북부 지방에 세운 나라예요. 1931년 9월, 일본군은 만주 사변을 일으켜 이 지역을 점령하고, 청나라의 황제 푸이를 허수아비 왕으로 세웠지요.

전쟁의 소용돌이 속에서

1930년대, 중국에 근거지를 둔
독립운동 단체들은 뿔뿔이 흩어져 활동하고 있었어.
나와 남편은 이들이 하나로 뭉치면
훨씬 더 강력한 독립운동을 펼칠 수 있을 거라 판단했단다.
그렇게 '민족혁명당'이 세워지고,
곧이어 여성들의 조직인 '남경조선부인회'도 조직되었지.

하지만 이 무렵, 중국은 전쟁의 소용돌이에 휘말렸단다.
일본군이 1937년, 난징을 침략하며 중·일 전쟁을 일으킨 거야.
중국 대륙을 통째로 집어삼키겠다는 거였지.
"중국 정부도 난징을 버리고 철수하고 있습니다.
우리도 빨리 대책을 세워야 해요!"
다행히 우리는 중국 정부의 도움으로
나무배를 타고 간신히 난징을 빠져나올 수 있었단다.

중·일 전쟁 1937년 7월부터 일본의 침략으로 중국 전 국토에 전개된 전쟁이에요.

난징을 점령한 일본군은 사람들을 닥치는 대로 죽였어.
난징 대학살이 시작된 거야.
일본군이 죽인 중국인이 무려 100만 명에 이른다니,
정말로 천인공노할 노릇이지!
일본에 대한 우리의 적개심은 불타올랐어.

"이제 일본군과 정면 승부뿐이야."
우리 대원들은 모두 전투복으로 무장을 했어.
하늘을 까맣게 뒤덮은 일본군 전투기가
중국 대륙을 향해 사정없이 쏟아졌어.
지옥이 따로 없었단다.

난징 대학살 중·일 전쟁 때 중국 수도였던 난징을 점령한 일본군이 저지른 대규모 학살 사건이에요.

산속을 뒤덮은 총성

우리는 흩어진 독립군을 모아 조선의용대를 조직했어.
나는 1939년 2월, 곤륜산에서 벌어진 전투에 참가했지.
우리를 발견한 일본군의 사격이 시작되었어.
"엎드려! 모두 숨어! 몸을 숨겨!"
누군가 소리쳤어. 그 순간 몸을 던져 바위 뒤로 숨었어.
그리고 총알이 날아오는 방향을 향해 나도 사격을 시작했어.
"괜찮으세요? 피가 많이 나요."
어깨가 뻐근했지만 바위에 부딪친 줄만 알았어.
군복은 피로 젖었지.

전투가 끝난 뒤, 나는 오랫동안 치료를 받았어.

이렇게 누워 있을 때가 아닌데….

야속하게도 총상은 점점 나빠졌어.

소식을 들은 남편이 달려왔어.

"여보! 조금만 더 기운을 내요.

당신은 누구보다 강하잖아요!"

"미안해요. 함께 독립을 이루자고 약속했는데….

 그동안 고마웠어요. 꼭 약속을 지켜 주세요."

"기억하니?
내가 어린 시절에 문학소녀였다는걸.
교지에 실릴 정도로 멋진 소설도 썼었지.
평생 총을 들고 일본군에 맞선 내 모습과
참 많이 다르지? 비록 나는 조국을 위해
총을 들었지만, 내 가슴은 늘 평화를 꿈꾸고
있었단다. 독립을 이룬 세상에서 자유를
누리는 나의 모습을 꿈꾸었단다."

박차정 의사는 광복을 1년 앞두고 총상 후유증으로 돌아가셨어요. 그토록 바라던 독립을 코앞에 두고, 전쟁으로 뒤엉킨 중국에서 삶을 마감하셨지요. 박차정 의사의 일생은 투쟁 그 자체였어요. 어떤 순간에도 머뭇거리지 않고, 선두에서 대오를 지휘한 강한 사람이었지요.

박차정 의사는 우리 민족의 독립과 함께 여성 문제를 깊게 고민하셨어요. 지청천 장군 부인과 함께 조직한 '남경조선부인회' 〈선언문〉을 통해 박차정 의사는 조선 여성들이 전통적으로 속박받아왔고, 이 속박이 일본 제국주의로 이어지고 있다는 사실을 알렸어요. 또한 '일본 제국주의가 타도된다고 하더라도 조선의 혁명이 정치 경제 사회 등 각 방면에서 진정한 자유 평등의 혁명이 아니라면 우리 부녀는 철저한 해방을 얻지 못한다.'라며 여성 해방 운동을 이끄셨지요.

05 함께 기억해요

젊은 학생들이 이끈 제2의 3·1 운동

광주 학생 항일 운동

일제 강점기의 공립 학교는 모두 일본이 세웠어요. 선생님은 대부분이 일본인이었고, 조선말이나 조선 역사는 배울 수 없었어요. 또한 틈만 나면 조선 사람을 무시하는 말을 내뱉었지요. 학생들은 수업을 거부하는 동맹 휴학을 벌이기도 했지만, 식민지 노예 교육은 점점 심해졌답니다.

🔥 1929년 10월, 전라도 광주와 나주를 오가는 열차 안에서 사건이 벌어졌어요. 일본 학생 몇몇이 조선 여학생의 댕기 머리를 잡아당기며 놀린 거예요. 이것을 본 조선 학생이 항의하면서 싸움이 벌어졌지만, 일본 경찰은 조선 학생의 뺨을 때리며 일방적으로 일본 학생의 편을 들었어요.

🔥 이 사건을 계기로 조선 학생과 일본 학생 간의 다툼은 잦아졌고, 결국 조선 학생들은 11월 3일, 거리로 나와 시위를 벌이기로 했어요. 학생들은 식민지 노예 교육을 반대하고 조선 독립을 외치며 만세 운동을 이어 나갔고, 여러 독립운동 단체들이 함께하기 시작했지요.

🔥 마침내 서울에서도 민중 대회가 열렸어요. 광주 학생들의 시위 소식을 전해 들은 서울 학생들은 거리고 쏟아져 나와 독립 만세를 외쳤지요. 11월 3일 이후 전국 194개 학교에서 5만 4000명가량의 학생이 시위에 나섰지요. 일본 경찰은 끈질긴 감시와 모진 탄압으로 잡혀간 학생이 약 1500명이나 되었답니다.

여섯 번째 이야기

태평양을 건넌 독립의 꿈
박신애
(1889~1979)

사진 한 장을 들고 망망대해를 건너
하와이로 떠난 박신애 지사.
그와 동료들은 허리띠를 졸라 매며
모든 돈으로 독립 자금을 마련했어요.
"나의 노동이 작은 희망이 되기를"
열망하면서 말이지요.
플루메리아는 하와이 사람들이
화환을 만들 때 주로 쓰는 꽃이래요.
"당신을 만난 건 행운입니다."라는 꽃말처럼
박신애 지사의 삶은 누군가에게 '행운'이었답니다.

하와이에서 온 사진 한 장

"신애야, 사진 왔다, 사진!"
물 묻은 손을 앞치마에 닦고
어머니가 쥐여 준 사진을 보았어.
"옷도 좋아 보이고, 이만하면 얼굴도 괜찮고!
미국에서는 나무에 돈이 열린다더니만, 진짜 그런가?"
사진 속에는 양복을 입은 한 젊은이가 있었어.
누구냐고? 바로 내 신랑감이야.
최근에 우리 동네에서도 몇몇이 하와이로 시집을 갔지.
내가 시집을 가면 입 하나 덜게 되니
동생들이 좀 더 편해질까?
하와이에 가면 정말 부자가 될까?
"나는 맘에 드는데, 너는 어떠냐?"
"어떻긴요. 어머니가 좋다고 하시면 결혼해야죠."
그렇게 나는 사진 신부가 되었어.

사진 신부 1900년대 초부터 조선인들은 하와이 농장에서 일하기 위해 이주를 시작했어요. 이들은 신붓감을 구하려고 본인 사진을 보냈고, 혼인을 하려고 하와이로 건너간 여성들을 사진 신부라고 불렀지요.

낯선 땅에 도착하다

나는 인천 제물포항에서 커다란 증기선을 탔어.
파란 하늘과 쪽빛 바다가 끝없이 펼쳐졌지.
저기 어디쯤 하와이가 있는 걸까?
배를 타고 20일을 가야 한다지만, 그래도 나와 같은 처지의
친구들이 함께 있어서 그 시간을 견딜 수 있었단다.

하와이에 도착한 나는 두근거리는 마음을 진정시키며
사진 속 남자의 얼굴을 찾았어. 그때 한 남자가 다가왔지.
"제가 바로 사진을 보낸 사람입니다."
남자는 햇볕에 그을린 얼굴로, 사진보다는 나이가 들어 보였어.
사탕수수밭에서 일하는 노동자였단다.
낯선 땅에서, 낯선 남자를 따라나섰지만 이제 어쩔 수 없어.
이곳에서 열심히 살아가는 수밖에.

무엇이든 할 거야

하와이는 부자들만 사는 낙원은 아니었어.
날씨는 더웠고, 먹는 것도 입에 맞지 않았어.
쌀은 비싸고 밀가루는 흔했지만 빵 만드는 법을 몰랐지.
남편은 사탕수수 농장에서 하루 16시간을 일했지만
생활비를 빼면 남는 돈이 없었어.
하와이에 온 지 한 달이 되었을 때, 나는 남편에게 말했단다.

"제가 농장 사람들 작업복을 세탁하거나
바느질을 해 주면 어떨까요?
아니면 사탕수수밭에서 일해도 될 것 같은데…."
"아닙니다. 지금도 편하게 해 주지 못해서 미안한걸요."
남편은 난감한 표정으로 대답했어. 심성이 착한 사람이었지.
"백지장도 맞들면 낫다고 하잖아요. 저도 돈을 벌고 싶어요."
가난해서 이곳까지 왔는데, 여기서도 궁핍하게 살 순 없어.
돈만 된다면 뭐든 열심히 할 거야.

함께 글을 배우자

하와이에 온 여성들은 대부분
배울 기회를 놓쳐 글을 읽고 쓰지 못했어.
남성들도 크게 다르지 않았지.
미국 땅에서 살면서 영어를 못 하니
조선 사람들은 더 심한 차별을 받았어.
**'이래선 안 되겠어. 영어도 배우고 한글도 배우자.
글을 알아야 세상 돌아가는 걸 알지.'**

다행히 교회 예배가 끝나고 난 뒤,
하와이로 온 조선 여성들이
함께 모여 글을 배우는 모임이 있었단다.
영어를 조금씩 깨치게 되니,
앞으로의 미국 생활에 대한 희망도 생겼지.

독립 자금을 모으며

하와이로 온 지 20여 년이 지났어.
그동안 일본은 우리나라를 빼앗았고,
지금은 중국까지 넘보고 있지.
우리는 3·1 운동이 끝난 뒤,
여성 단체인 '대한부인구제회'를 꾸렸어.
나도 회원으로 열심히 활동했지.
모두 빠듯한 살림이었지만
독립운동에 도움이 된다는
생각에 한마음으로 뭉쳤어.

우리는 생활비를 아끼고
자투리 시간까지 일해 번 돈을
대한민국 임시 정부와 광복군에게 보냈어.
3·1 운동 때 순국하셨거나 다친
동포들에게 후원금을 보내기도 했단다.
우리에게 독립 자금 모금을 요청했던
대한민국 임시 정부의 김구 선생은
종종 감사 편지를 보냈어.
서로 중국과 미국의 소식을
전하기도 했단다.

김구 대한민국 임시 정부에 참여해 독립운동을 이끌었어요. 1944년 임시 정부 주석이 되면서 끝까지 임시 정부를 지켰지요.

박신애 누이 보세요.

편지하려고 했지만 계속 건강이 안 좋았는데 일본군의 공습까지
심해지고 더운 날씨에 대피소에 있다 보니 편지가 늦었어요.

그동안 집안 식구들은 다 무고하신지요.

이곳은 세상의 종말이 온 것처럼 시체가 산처럼 쌓여 있어요.

나는 수천 명의 시체를 직접 보면서 이제 미국이 전쟁에 참여하면
하와이 동포들도 우리처럼 대피소 생활을 할 거라 생각해요.

꼭 부탁할 것은 공습이 있으니 대피하라는 방송을 들으면
남녀노소 모두 빨리 피하세요.

그럼 집안 모두 평안하시길.

- 1941년 7월 25일 오라비 **김구**

중·일 전쟁으로 중국은 혼란에 빠져 있었어.
대한민국 임시 정부도 힘든 상황이었지.
독립에 대한 생각이 다른 사람들이
임시 정부를 탈퇴하는 일이 많아져서
모든 문제가 복잡하게 얽혀 있었어.
그런 상황에서도 김구 선생은
하와이에 있는 우리까지 걱정해 주었단다.

진주만 공격

편지를 받고 몇 달이 지난 12월.
하와이의 12월은 외출하기 딱 좋은 날씨야.
단정하게 차려입고 교회에 가려고 나설 때였어.
"전쟁이 났어! 일본군 비행기가 진주만을 공격했대!"
멀리서 쉬지 않고 '쿵, 쿵' 하는 소리가 들렸어.

진주만 공격 1941년 12월, 일본 해군이 하와이 진주만에 있는 미국 태평양 함대를 기습 공격한 사건으로, 이로 말미암아 태평양 전쟁이 일어났어요.

모두 두려움에 떨며 하늘을 바라보았지.
사이렌 소리가 울리고 방송이 흘러나왔어.
"지금 일본군이 하와이를 공격하고 있습니다.
공습경보입니다. 모든 시민은 공습경보가 해제될 때까지
안전한 실내에서 기다려 주세요."
다행히 일본 전투기는 미군 시설을 두 차례 폭격하고
다시 오지 않았어.

원자 폭탄 투하 제2차 세계 대전이 끝나갈 무렵, 일본은 전쟁을 포기하지 않았어요. 이에 미국은 일본 히로시마와 나가사키에 원자 폭탄을 투하하였고, 결국 일본은 1945년 8월 15일 항복을 선언했지요.

마침내 항복한 일본

일본의 진주만 공격으로
미국은 결국 제2차 세계 대전에 뛰어들었어.

진주만 공격은 하와이에 사는 우리 삶도 바꿔 놓았단다.
폭격으로 무너진 부대와 건물을 다시 짓느라
건설 현장에 일자리가 많이 생긴 거야.
사탕수수밭에서 일하던 우리나라 사람들은
돈을 많이 준다는 소식에 건설 현장으로 일자리를 옮겼어.
덕분에 그전보다 더 많은 돈을 벌 수 있게 되었고,
처음으로 먹고사는 걱정을 면할 수 있었지.
임시 정부에 보내는 독립 자금도 훨씬 많아졌고 말이야.

몇 년 후 일본은 자신들이 했던 것처럼
연합군의 폭격을 받았어.
도쿄를 비롯한 주요 도시가 불바다로 변했지만
이미 전쟁광으로 변한 일본 정부는 꿈쩍도 하지 않았지.
결국 히로시마와 나가사키에 원자 폭탄이 떨어지고,
도시가 폐허가 되고 나서야 일본은 항복했단다.

일본이 항복을 선언하면서, 우리나라는 독립을 이루었어.
우리는 만세를 외치면서 호놀룰루 거리를 행진했단다.
기쁨의 눈물을 흘리면서 태극기를 흔들었어.

사진 한 장을 들고 하와이를 찾았던 날이 생각나.
머나먼 타국에서 나라를 잃은 국민으로 살면서
독립 자금을 모으느라 허리띠를 졸라맸던 하루하루가 생각나.
모두 오늘을 위해서 지난 온 날들이었어.

하와이로 가는 배를 탔던
까마득한 옛날이 생생하게 기억나.
지금 생각하면 참 용감했지?
낯선 땅에 선뜻 발을 내디뎠으니 말이야.
조국의 독립을 위해 뭔가 해야 한다는 사명감은, 오히려 내가 살아가는 힘이 되었어. 나의 노력을 기억해 줘서 고마워.

　머나먼 땅 하와이에서 조국의 독립을 열망한 박신애 지사. 박신애 지사는 하와이로 이주한 뒤, 그곳에서 여성 독립운동 단체인 '대한부인구제회' 회원으로 활동하셨어요. 대한부인구제회는 주로 대한민국 임시 정부 지원 활동을 펼쳤는데, 몇 차례 모금에 그치지 않고 1919년부터 1941년까지 지속적으로 독립운동 자금을 지원했답니다.

　1937년 중·일 전쟁이 발발한 이후, 중국에서는 임시 정부를 지지하는 독립운동 단체들이 중심이 되어 '한국광복운동단체협의회'가 결정되었어요. 이 조직에는 미국에서 활동하는 여러 독립운동 단체들도 참여했는데, 박신애 지사는 대한부인구제회 대표로 참가하였지요. 또한 백범 김구 선생과 연락하며, 당시 시시각각 변하는 국제 상황을 미국 사회에 알렸답니다.

　내 한 몸 지키기도 힘든 낯선 땅에서, 조국의 독립을 위해 내가 할 수 있는 것을 스스로 찾아 나선 박신애 지사, 정말 고맙습니다.

06 함께 기억해요

나라 잃은 백성들의 삶을 위한 투쟁
소작 쟁의와 노동자 파업

일제 강점기, 나라를 잃은 백성이 된 우리 민족은 너무나 가난했어요. 일본과 친한 일부 사람들만 빼면 농사를 짓는 농민이건, 공장에서 일하는 노동자건 끼니를 잇는 것조차 힘들었답니다. 1920년대, 참다못한 농민과 노동자들은 일본에 맞서 저항하기 시작했어요.

우리는 뭘 먹고 살라는 것인가! 소작 쟁의

1910년대, 일본은 토지 조사 사업을 명목으로 조선 농민들의 땅을 마구잡이로 빼앗았어요. 대대로 농사짓던 땅을 빼앗기고, 심지어 신고한 땅마저 일본인들이 마구잡이로 사들였지요. 그러니 조선 농민들 가운데 자기 땅이 있는 사람은 거의 없었어요. 땅을 잃은 농민들은 일본인에게 땅을 빌려 농사를 짓는 소작농이 되었는데, 지주들은 농사지어 거둔 쌀의 절반 이상을 소작료로 가져갔답니다. 결국 농민들의 저항은 점점 빈번해졌고, 1925년에는 무려 204건의 소작 쟁의가 일어났어요. 1923년 전라남도 신안군 암태도에서 벌어진 소작 쟁의는 무려 1년 동안 이어진 대표적인 농민 투쟁이었지요.

최소한의 월급을 보장하라! 노동자 파업

1920년대, 농촌에서 먹고살 길이 막막해지자 많은 농민이 일자리가 있는 도시로 향했어요. 이들은 도시에서 양말 공장, 고무신 공장, 정미 공장 등에 취직하거나 지게꾼이나 날품팔이 같은 일을 했답니다. 하지만 노동자의 삶은 결코 쉽지 않았어요. 쥐꼬리만 한 월급에 쉬는 날도 없이 꼬박 일해야 했지요. 또한 일본인 감독관에게 매질을 당하기도 했답니다. 결국 1920년대~1930년대 전국 곳곳에서 노동자 파업이 일어났어요. 1929년에 일어난 원산 총파업은 원산 지역 모든 노동자가 파업에 동참한 투쟁으로 당시로서는 최대 규모의 파업이었답니다.

3·1독립 선언서

'3·1독립 선언서'는 3·1운동 당시 독립의 당위성을 밝히고 독립국으로서의 조선, 자주민으로서의 조선인을 선언한 글이에요. '기미독립선언서'라고도 하지요. 최남선이 초안을 작성한 후, 한용운이 공약 삼장을 덧붙인 것으로 알려져 있지요. 독립 선언서는 천도교 대표 15인, 기독교 대표 16인, 불교 대표 2인 등 민족 대표 33인의 서명을 받아 1919년 2월 말, 2만 1000장을 인쇄하여 전국에 배포하였어요. 같은 해 3월 1일에는 서울 인사동 태화관에서 민족 대표 33인이 선언식을 가졌고, 탑골 공원에서도 학생과 시민들이 모여 선언식을 펼쳤지요.

하지만 독립 선언서가 작성된 1919년 당시의 어휘나 문장은 지금을 살아가는 우리들에게는 이해하기 힘든 부분이 많아요. 이에 2019년 3·1운동 100주년을 맞이하며 현대어로 새롭게 선보인 독립 선언서를 여러분께 소개합니다.

이제 우리는 우리 조선이 독립국임과 조선인이 자주민임을 선언한다. 이를 세계만방에 알려 인류가 평등하다는 큰 뜻을 분명히 하고, 자손만대에 알려 민족자존의 올바른 권리를 영원히 누리도록 한다.

(우리는) 반만년 역사의 권위에 의지하여 독립을 선언하는 것이며, 이천만 민중의 충성스러운 마음을 모아 우리의 독립을 널리 퍼뜨려 알리는 것이고, 겨레의 한결같은 자유 발전을 위하여 독립을 주장하는 것이며, 전 인류가 순수한 마음으로 바라는 세계 개조의 큰 뜻을 따르고 함께 나아가기 위하여 독립을 주창하는 것이니, 이것은 하늘의 뜻이며 시대의 큰 흐름이며 전 인류가 더불어 함께 살아가는 권리를 얻기 위한 정당한 주장이자 활동이므로, 세상 그 무엇도 우리의 독립을 막지 못할 것이다.

구시대의 유물인 침략주의와 강권주의에 나라를 빼앗겨 오천년 역사 이래 처음으로 다른 민족에게 자유를 억압당하는 고통을 겪은 지 오늘로써 십 년을 넘어섰다. 우리의 생존권을 빼앗긴 지 몇 년이며, 정신 발전의 장애를 입은 것이 얼마나 크며, 민족적 권위와 명예가 훼손당한 것은 또 얼마나 막심하며, 우리의 지식과 재능, 독창적인 발상으로 인류 문화의 큰 발전에 이바지하고 도울 기회를 얼마나 많이 놓쳤는가.

오호라, 예로부터 쌓인 억울함을 호소하려면, 지금의 고통으로부터 벗어나려면, 다가올 미래에 대한 두려움을 없애려면, 민족의 양심과 국가의 위신과 도의가 눌리어 쪼그라들고 힘없이 사그라진 것을 다시 살리고 키우려면, 저마다 자신의 인격을 올바르게 발달시키려면, 불쌍한 아들딸들에게 부끄러운 유산을 물려주지 않으려면, 우리의 후손들이 길이 완전한 행복을 누리게 하려면, 가장 긴급한 임무가 민족의 독립을 이루는 것이다. 이천만이 모두 마음속에 날카로운 칼을 품고, 인류 공통의 가치와 시대의 양심이 정의의 군대가 되고, 인륜과 도덕이 무기가 되어 우리를 지켜주는 오늘, 우리가 나아가 얻고자 하면 어떤 강적인들 물리치지 못할 것이며, 물러서서 계획을 세우면 어떤 뜻인들 펴지 못하겠는가!

　　　조일수호조규(강화도조약) 이래 수시로 양국 간의 굳은 약속을 저버렸다고 해서 일본의 신의 없음을 비난하지는 않겠다. (일본의) 학자는 강단에서, 정치가는 실생활에서 우리가 선조로부터 물려받은 터전을 식민지로 삼고, 우리 문화 민족을 마치 미개한 사람들처럼 취급하여, 단지 정복자의 즐거움을 누릴 뿐이다. (그러나) 우리의 오래고 영원한 사회 기틀과 뛰어난 민족의 마음가짐을 무시한다고 해서 일본의 옳지 못함을 책망하지 않겠다. 자신을 탓하고 격려하기에 다급한 우리는 남을 원망할 수 없다. 현재를 돌보기에 바쁜 우리는 예로부터의 잘못을 따질 겨를도 없다. 오늘 우리가 할 일은 오로지 우리 자신을 다시 세우는 것이지 결코 남을 헐뜯는 것이 아니다. 엄숙한 양심의 명령으로써 우리 민족의 새로운 운명을 개척하는 것이지 절대로 해묵은 원한과 일시적인 감정으로 남을 시기하고 배척하는 것이 아니다. 낡은 사상과 낡은 세력에 얽매여 공명을 세우고자 했던 일본인 위정자들에 의해 만들어진 부자연스럽고 불합리한 지금의 그릇된 현실을 고치고 바로잡아 강자가 약자를 힘으로 지배하지 않는 자연스럽고 합리적인 올바른 세상으로 되돌아가는 것이다.

처음부터 우리 겨레가 원해서 된 일이 아닌 양국 병합의 결과가, 근본적인 대책 없는 억압과 차별에서 오는 불평등과 (사회 발전에 대한) 거짓된 통계 숫자 때문에 이해가 엇갈린 두 민족 사이에 화합할 수 없는 원한의 도랑이 날이 갈수록 깊어지는 지금까지의 사정을 한번 살펴보라. 용감하고 과감하게 예전의 잘못을 바로잡고, 참된 이해와 인도주의를 바탕으로 친하게 지내는 새 시대를 여는 것이 서로 화를 멀리하고 행복을 불러들이는 지름길이라는 것을 똑똑히 알아야 할 것이다.

또한 울분과 원한이 겹겹이 쌓인 이천만 조선인을 힘으로 억누르는 것은 결코 동양의 영원한 평화를 보장하는 방법이 아닐 뿐만 아니라, 동양의 안전과 위기를 좌우하는 사억 중국인들의 일본에 대한 두려움과 시기를 갈수록 깊게 하여, 동양 전체가 함께 쓰러져 망하는 비극을 초래할 것이 분명하다. 오늘 우리가 조선 독립을 선포하는 까닭은 조선 사람으로 하여금 정당한 번영을 이루게 하는 동시에, 일본으로 하여금 잘못된 길에서 벗어나 동양의 안전을 지켜 나갈 무거운 책임을 통감케 하는 것이며, 중국으로 하여금 꿈속에서도 벗어나지 못하는 불안과 공포로부터 해방되게 하는 것이며, 세계 평화의 중요한 요소로서 동양 평화를 실현하여 전 인류의 복지에 반드시 있어야 할 단계를 만드는 것이다. 이것이 어찌 졸렬한 감정상의 문제이겠느냐.

아아, 새 하늘과 새 땅이 눈앞에 펼쳐지는구나. 힘의 시대는 가고 도덕의 시대가 온다. 지나간 세기를 통하여 깎고 다듬어 온 인도적 정신이 바야흐로 새로운 문명의 찬란한 빛을 인류 역사에 던지기 시작한다. 새봄이 온 누리에 찾아들어 만물의 소생을 재촉한다. 찬바람과 꽁꽁 언 얼음 때문에 숨도 제대로 쉬지 못한 것이 지난 시대의 불길한 기운이었다면, 온화한 바람과 따뜻한 햇볕으로 서로 통하는 것이 다가올 시대의 상서로운 기운이니, 하늘과 땅에 새 생명이 되살아나는 이때에 세계 변화의 도도한 물결에 올라 탄 우리에게는 주저하거나 거리낄 그 어떤 것도 없다.

우리는 우리가 본디 타고난 자유권을 지켜 풍성한 삶의 즐거움을 마음껏 누릴 것이며, 우리가 넉넉히 지닌 독창적 능력을 발휘하여 봄기운이 가득한 온 누리에 조선 민족의 우수함을 꽃피우리라.

그래서 우리는 분연히 일어나는 것이다. 양심이 우리와 함께 있고, 진리가 우리와 더불어 전진하니, 남녀노소 구별 없이 음침한 옛집에서 뛰쳐나와 세상에 존재하는 모든 것들과 더불어 즐거운 부활을 이룩할 것이다. 천만년을 이어 오는 조상들의 넋이 우리를 안으로 지키고, 전 세계의 움직임이 우리를 밖에서 보호하니, 일을 시작하기만 하면 곧 성공을 이룰 것이다. 오로지 저 앞의 빛을 따라 힘차게 전진할 따름이다.

공약삼장

하나, 오늘 우리들의 거사는 정의·인도·생존·번영을 찾는 겨레의 요구이니, 오직 자유정신을 발휘할 것이고, 결코 배타적 감정으로 치닫지 말라.

하나, 최후의 일인까지, 최후의 일각까지 민족의 올바른 의사를 당당하게 발표하라.

하나, 모든 행동은 먼저 질서를 존중하여 우리들의 주장과 태도를 어디까지나 공명정대하게 하라.

조선 나라를 세운 지 사천이백오십이 년 되는 해 삼월 초하루

손병희 길선주 이필주 백용성 김완규 김병조 김창준 권동진
권병덕 나용환 나인협 양전백 양한묵 유여대 이갑성 이명룡
이승훈 이종훈 이종일 임예환 박준승 박희도 박동완 신흥식
신석구 오세창 오화영 정춘수 최성모 최린 한용운 홍병기 홍기조

글 **황동진**

서울교육박물관에서 학예연구사로 근무하며 우리나라 교육사를 연구하고 있고, 그림책 작가로도 활동하고 있어요. 〈태극기를 든 소녀〉를 썼고, 쓰고 그린 책으로 〈우리는 학교에 가요〉, 〈문을 열어!〉, 〈김란사, 왕의 비밀문서를 전하라!〉 등이 있어요.

그림 **박미화**

시각디자인을 전공하고 그래픽디자이너로 일했어요. 〈태극기를 든 소녀〉로 어린 시절 꿈이었던 그림을 다시 시작하게 되었지요. 드러나지 않았던 여성 독립운동가분들을 다시 만나게 되어 감사한 마음으로 두 번째 책을 작업했답니다. 이 책들이 여성 독립운동가들의 역사를 기억하는 데 조금이나마 도움이 되길 바라요. 그린 책으로 〈컴퓨터랑 코딩해〉, 〈사씨남정기 : 여자의 적은 여자인가?〉 등이 있어요.

- 본 책에 실린 〈3·1 독립 선언서〉는 사이버 외교사절단 반크와 역사학자 정재환 선생님이 기획하고 만드셨습니다.

태극기를 든 소녀 2

초판 1쇄 발행 2020년 8월 15일
초판 2쇄 발행 2021년 12월 29일

글	황동진
그림	박미화
편집	전현정·김문주 이선아 김서중 김채은 정윤경 | **디자인** 상상이꽃처럼
제작	박천복 김태근 고형서 | **마케팅** 윤병일 전이소 박유진 | **홍보 디자인** 최진주
펴낸이	김경택
펴낸곳	(주)그레이트북스
등록	2003년 9월 19일 제313-2003-000311호
주소	서울시 구로구 디지털로31길 20 에이스테크노타워5차 12층
대표번호	(02) 6711-8676
홈페이지	www.greatbooks.co.kr
ISBN	978-89-271-9689-1 73990

※ 책값은 표지에 있습니다. 잘못된 책은 바꾸어 드립니다.

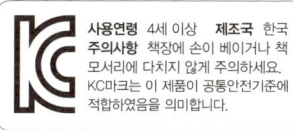

사용연령 4세 이상 **제조국** 한국
주의사항 책장에 손이 베이거나 책 모서리에 다치지 않게 주의하세요.
KC마크는 이 제품이 공통안전기준에 적합하였음을 의미합니다.